BIBLIOTHÈQUE

COMMUNALE

DE LANDERNEAU

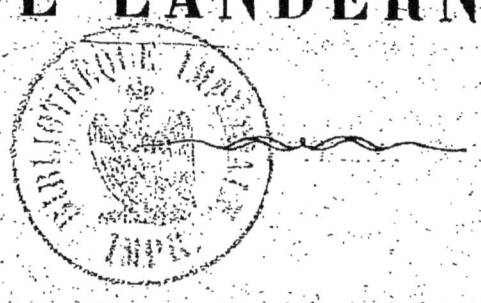

CATALOGUE

1870.

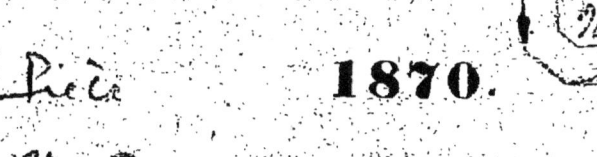

LANDERNEAU. — IMP. DESMOULINS

EXTRAIT DU RÉGLEMENT.

Art. 6. — Les livres seront prêtés gratuitement en lecture, à chaque associé.

Art. 7. — Tout habitant de l'un ou de l'autre sexe deviendra **sociétaire**, en payant d'avance une souscription annuelle de **un franc**. La société reçoit des dons en argent et en livres.

Les habitants **non sociétaires**, pourront être admis au prêt des livres, moyennant une rétribution de **cinq centimes** par volume.

Art. 8. — La remise des ouvrages se fera le dimanche et le jeudi, de midi à une heure.

Art. 9. — Chaque lecteur ne peut avoir entre les mains plus d'un volume à la fois, et ne peut le garder plus de quinze jours.

Art. 10. — Si l'ouvrage prêté n'est pas rendu, ou représenté à la fin de la deuxième semaine, une amende de **cinq centimes** pour chaque séance de retard, sera infligée au sociétaire ou abonné.

Si l'ouvrage est perdu ou détérioré, le lecteur devra en payer la valeur.

Observations. — Le comité engage les sociétaires, lorsqu'ils demanderont des livres à la bibliothèque, à vouloir bien indiquer l'ouvrage, d'après son N° au catalogue.

Il les engage aussi, à envelopper d'une feuille de papier la couverture des volumes qui leur seront prêtés, et à ne pas plier les feuillets des livres.

CATALOGUE.

Numéros.	Noms des Auteurs.	Titres des Ouvrages.	Volumes.
567	**Jacques Balmès.**	Le protestantisme comparé au catholicisme.	3
355	**Barbier.**	Dictionnaire historique.	3
18 A	**Barreau.**	Morale pratique.	1
7	**Charton.**	Le magasin pittoresque 1849-1859-60-61-62 63-64-65-66-67-68.	11
17 A	d°	Lecture de famille.	1
1	**Chateaubriand.**	Génie du christianisme.	1
314	**Divers.**	Magasin d'éducation et de récréation.	10
600	**Douay.**	Comment on devient un homme selon les idées de Franklin.	1
473	**Droniou.**	Éléments d'une métaphysique régénérée.	1
19 A	**J. Droz.**	Essai sur l'art d'être heureux.	1
356	**Épictète.**	Manuel.	1

2	Fénélon.	De l'éducation des filles.	1
13 A	do	OEuvres philosophiques.	1
486	Fléchier et Mascaron.	Oraisons funèbres.	1
3	Benjamin Franklin.	Mélanges.	1
4	do	Ecrits populaires.	1
601	do	Essais de morale.	1
502	Le Gouvé.	Histoire morale des femmes.	1
5	Lamartine.	Lecture pour tous.	1
358	Massillon.	OEuvres.	2
295	Michelet.	Le peuple.	1
14 A	Abbé Mullois.	Cours d'éloquence sacrée.	1
475	Napoléon III.	Discours, messages et proclamations.	1
566	Auguste Nicolas.	Etudes philosophiques sur le christianisme.	4
599	Pascal.	Pensées.	1
690	Silvio Pélico.	Des devoirs des hommes.	1
357	Ach. Penot.	Premières pages de l'histoire du monde.	1
305	Poumarède.	Manuel des termes usuels.	1
15 A	Rambosson.	La science populaire.	3
474	Jean Reynaud.	Lectures variées.	1
354	Richelet.	Dictionnaire français.	2
9	Rozan.	Petites ignorances de la conversation.	1
12	De Ségur.	Sentiment de Napoléon sur le christianisme. — Mémoire d'un troupier.	1
6	Jules Simon.	Le devoir.	1
478	do	La liberté de conscience.	1
503	do	Le travail.	1
504	do	L'école.	1
505	Samuel Smiles.	Caractère, conduite et persévérance.	1
598	Wallon.	Vie de Jésus-Christ.	1
8	X.	Encyclopédie théorique et pratique des connaissances utiles.	2
11	X.	Les Evangiles.	1
306	X.	Journal des demoiselles 1861-62-63 et 64.	3

780	Astier.	Histoire de la république des États-Unis.	2
367	F. X. Aubéry.	Annales du royaume de France 1715-1787.	1
506	Barrau.	La patrie.	1
606	do	Histoire de la révolution française.	1
22	E. de la Bédollière.	Histoire de la garde nationale.	1
602	Emile de Bonnechose.	Histoire de France depuis l'origine jusqu'à nos jours.	2
346	Bossuet.	Discours sur l'histoire universelle.	1
34	De Carné.	Un drame sous la terreur.	1
507	Du Case.	Histoire anecdotique de l'empereur Nap^{on} 1er	1
18	Chalamel.	Histoire de France, illustrée.	1
476	A. Chéruel.	Dictionnaire historique des institutions, mœurs et coutumes de la France.	2
28	Daniel de Proxy.	Histoire de Brest.	1
359	Delandine de St-Esprit.	Histoire de la Gaule 539 avant J-C 754 après J-C	1
360	do	Histoire des âges héroïques 754-987.	1
361	do	Histoire du christian^{me} sous la tente 996-1328.	1

362	Delandine de St-Esprit.	Histoire de la renaissance sociale 1589-1774.	1
363	do	Histoire de la révolution 1474-1793.	1
364	do	Histoire de la terreur 1793-1795.	1
370	Dureau de la Malle.	Renseignemts sur la province de Constantine.	1
345	V. Duruy.	Histoire de France.	2
477	do	Introduction à l'histoire de la France.	1
607	do	Histoire du moyen âge.	1
608	do	Histoire des temps modernes.	1
583	Froissard.	Chroniques et mémoires.	1
19	L'Abbé Le Gendre.	Mœurs et coutumes des français.	1
16	Guizot.	Histoire de la civilisation en Europe.	1
14	Hubault et Marguerin.	Les grandes époques de la France 17 et 18e siècle	2
696	Jurien de la Gravière.	Guerres maritimes.	2
500	De Lamartine.	Histoire de Turquie.	8
609	do	Histoire des Girondins.	3
31	De Lascazes.	Souvenirs de Napoléon.	1
30	Ch. Laumier.	Évènements les plus curieux de l'histoire ou épisodes historiques	2
650	Lavallée.	Histoire des français.	4
345	J. Libert.	Histoire de la chevalerie en France.	1
686	M. de Marlès.	Histoire de Pologne.	1
32	Henri Martin.	Histoire de France populaire.	1
543	Dom Maurice.	Histoire de Bretagne.	21
23	A. E. Mercier.	Conquête de Grenade.	1
374	Chanoine Moreau.	Histoire de la ligue en Bretagne.	1
33	Napoléon III.	Vie de César.	2
368	L. Bonaparte.	Réponse à sir Walterscott.	1
26	Ch. Nodier.	Légendes populaires de la France.	1
21	Ragon.	Histoire des temps modernes.	3
824	Rousset.	La grande chartre, etc.	1
365	M. Sanquaire Souligné.	Trois règnes de l'histoire d'Angleterre.	2
504	Stephen d'Estry.	Histoire d'Alger.	1
20	E. Sue	Histoire de la marine française.	4
372	C. Terrien.	Études d'histoire.	1
603	Augustin Thierry.	Lettres sur l'histoire de France.	1
105	do	Histoire de la conquête d'Angleterre.	4
106	do	Histoire des Gaulois.	2
593	do	Histoire du tiers État.	1
15	Thiers.	Histoire de la révolution française.	10
17	do	Waterloo.	1
36	do	Ste-Hélène.	1
66	do	Histoire de la révolution française (Atlas).	3
69	do	Histoire du consulat et de l'empire.	20
69	P. Tiby.	Histoire des croisades.	3
94	De Tocqueville.	L'ancien régime et la révolution.	1
24	Valentin.	Histoire de Venise.	1
25	do	Histoire abrégée des croisades.	1
29	Varlabelle.	Histoire des deux restaurations.	7
27	A. Villeroy.	Histoire de 1840.	1
95	L. Vitet.	La ligue.	2
13	Voltaire	Siècle de Louis XIV.	1
91	Walterscott.	Histoire d'Écosse.	3
366	X.	Histoire du procès de Ch. Stuart.	

825	Audigane.	François Arago.	1
578	Adolphe Badin.	Jean Bart.	1
612	do	Dugay-Trouin et Jean-Bart.	1
377	Barchou de Penhoën.	Mémoires d'un officier d'état-major. — Expédition d'Afrique.	1
387	do	G^{me} d'Orange et Louis Philippe, 1688-1830.	1
66	Bassanville.	Les ouvriers illustres.	1
282	De Barrins.	Les enfants célèbres.	1
59 bis	Alex. Bellemare.	Abd-El-Kader.	1
702	Béranger.	Ma biographie.	1
386	J. B. Béraud.	Histoire des comtes de Champagne.	2
574	Em. de Bonnechose.	Bertrand Duguesclin.	1
575	do	Gal Hoche.	1
376	Edouard Bouvet.	Portefeuille d'un marin.	1
40	Charton.	Histoire de trois enfants pauvres.	1
490	Cléry.	Journal de ce qui s'est passé à la tour du temple.	1
347	H. Corne.	Le cardinal Mazarin.	1
49	Cornelis de Witt.	Histoire de Washington.	1
384	Costard.	Histoire de Ruiter.	1
67	Marie Curo.	Le vieux soldat.	1
39	Cuvier.	Éloges historiques.	1
240	Dargaud.	Histoire de Marie Stuart.	1
343	E. D. Déchy.	Souvenirs d'un ancien militaire.	1
47	Desclosières.	Vie et invention de Philippe de Girard.	1
498	Divers.	Victoires et conquêtes.	27
388	J. Dourille.	Histoire de Napoléon.	2
383	Général Dumourier.	Mémoires.	2
379	E. C. P. XXX.	Dictionnaire historique.	1
550	SIR EDWARD BULWER LITTON.	Rienzy. — Le dernier des tribuns de Rome.	1
470	Le Baron Ernouf.	Histoire de trois ouvriers français.	1
700	A. Feuillet.	La misère au temps de la fronde et Saint-Vincent de Paul.	1
60	De Fézensac.	Souvenirs militaires de 1804 à 1814.	1
237	Flourens.	Buffon.	1
238	do	Cuvier.	1
48	Franklin.	Mémoires sur sa vie écrits par lui-même.	1
373	J. Girardin.	Mémoires.	2
59	La Gueronnière	Napoléon III.	1
698	Guizot.	Alfred-le-Grand ou l'Angleterre sous les Anglo-Saxons.	1
699	do	Guillaume-le-Conquérant ou l'Angleterre sous les Normands.	1
348	Guyard de Berville.	Histoire du chevalier Bayard.	1
346	Ardouin de Perefixe.	Histoire de Henri-le-Grand.	1
65	Henrisch.	Napoléon III.	1
829	Hernouf (BARON.)	Le général Kléber.	1
570	Gal Hugo.	Mémoires.	3
382	J. A. Jacquelin.	Manuel biographique.	2
50	A. Janin.	Fulton, Georges et Robert Stéphenson.	1
64	Joinville.	Histoire de Saint Louis.	1
62	Kermoïsan.	Souvenirs du 1er empire.	1
576	Alf. Labouchère.	Oberkampf.	1
704	R. P. Lacordaire.	Éloge funèbre du général Drouot.	1

46	Lamartine.	Jacquart.	1
52	do	Christophe Colomb.	1
58	do	Guttemberg.	1
241	do	Guillaume Tell. — Bernard de Palissy.	1
640	do	Nelson et Geneviève.	1
651	La Landelle.	Jean Bart et Jean Keyser.	1
53	De Lascazes.	Mémorial de Ste-Hélène.	1
384	Linguet.	Mémoires sur la Bastille.	1
385	do	De l'insurrection parisienne et de la prise de la Bastille.	1
64	Loudun.	Victoires de l'empire.	1
42	Henri Martin.	Jeanne d'Arc.	1
704	H. Martin.	Daniel Manin.	1
44	L'abbé Maynard.	Vie de St-Vincent de Paul.	1
703	Ad. Méliot.	Guillaume Tell.	1
43	Michelet	Louis XI et Charles-le-Téméraire.	1
37	Mignet.	Notices et portraits historiques et littéraires.	2
508	do	Charles Quint, son abdication etc.	1
697	do	Histoire de Marie Stuart.	2
51 {	Fréd. Maurin. / H. Corne.	Saint François d'Assise. / Le cardinal de Richelieu.	} 4
487	Mortonval.	Guerre de Russie 1812.	2
378	MOU-ALEM-NICOLAS EL-TURKI.	Histoire de la campagne d'Egypte.	1
35	Plutarque.	Vie des hommes illustres de la Grèce.	2
36	do	Vie des hommes illustres de Rome.	2
57	E. de Pompery.	Béthoven et Béranger (notices).	1
826	Richard.	Souvenir d'un aumônier protestant au camp devant Sébastopol.	1
55	Robertson.	Histoire de Charles-Quint.	2
54	M. Roy.	Histoire de Fénélon.	1
56	do	Histoire de Bossuet.	1
688	Le comte de Ségur.	Mémoires ou souvenirs et anecdotes.	3
380	Silvio Pelico.	Mes prisons.	1
689	Trackeray.	Mémoires d'un officier de Marlbourough.	1
239	Trébutien.	Journal et lettre d'Eugénie de Guérin.	1
38	H. de Triqueti.	Les ouvriers selon Dieu et leurs œuvres.	1
589	Voltaire.	Histoire de Russie sous Pierre-le-Grand.	1
641	do	Histoire de Charles XII et histoire de la Russie sous Pierre-le-Grand.	1
375	Le Vot.	Essai de biographie maritime.	1
595	do	Naufrages, incendies, tempêtes.	1
596	P. Le Vot et Donneau.	Les gloires maritimes de la France.	1
374	Un Capit^{ne} de Vaisseau.	Hist^{re} des combats d'Aboukir etc. 1798 à 1843.	1
41	X.	Les prix de vertus fondés par M. de Montyon.	2
63	X.	Souvenirs d'un officier du 2e zouave.	1
455	X.	Découvertes en Afrique.	2
571	X.	Dictionnaire biographique.	4
584	X.	Anecdotes du temps de la terreur.	1

491	J. J. Barthélémy.	Voyage du jeune Anacharsis en Grèce.	1
540	Barthélémy St-Hilaire.	Lettres sur l'Égypte.	1
89	Baron Bazincourt.	5 mois devant Sébastopol.	1
78	Le Capitaine Bazil Hall.	Scène de la vie maritime.	1
827	Mme de Baulieu.	Robinson de 12 ans.	1
76	Le Lieutenant Belot.	Journal d'un voyage aux mers polaires.	1
509	Bombonnel.	Le tueur de panthères.	1
393	Browne	Nouveau voyage en Egypte.	2
349	Ant. Caillot.	Nouvelle histoire des naufrages.	1
324	Campe.	Découverte de l'Amérique.	1
77	Charton.	Le tour du monde 1864-65-66-67-68 et 69 1er	11
744	de Chateaubriand.	Itinéraire de Paris à Jérusalem.	2
615	Daumas.	Mœurs et coutumes de l'Algérie.	1
87	Ad. Desbarolles.	Voyage en Suisse.	1
579	Divers.	Collection choisie de voyages autour du monde.	12
74	Le Père Domenech.	Journal d'un missionnaire au Texas et au Mexique.	1
242	Alex. Dumas.	Impressions de voyages en Suisse.	3
542	Duruy.	Causeries de voyages (de Paris à Vienne).	1
69	Esquiros.	L'Angleterre et la vie Anglaise.	4
75	G. Ferry.	Scènes de la vie Mexicaine.	1
322	do	Scènes de la vie militaire au Mexique.	1
396	Fontanier.	Voyage dans l'Inde.	1
307	A. Fourcade	Album pittoresque des Pyrénées.	1
272	De Fréminville.	Le guide du voyageur dans le Finistère.	1
273	do	Voyage de Cambry dans le Finistère.	1
402	Mme de Genlis.	Les parvenus.	2
90	J. Gérard.	La chasse aux lions.	1
394	Gilbert Villeneuve.	Itinéraire du Finistère.	1
392	Grandpré.	Dictionnaire de géographie maritime.	3
399	Habasque.	Notions sur les Côtes-du-Nord.	1
277	La Harpe.	Histoire des voyages.	20
709	Mlle ADÈLE HOMMAIRE DE HELL.	Les steppes de la mer Caspienne.	1
74	Le Père Huc.	Souvenirs d'un voyage dans la Tartarie, le Thibet et la Chine.	2
572	A. Hugo.	La France pittoresque.	3
320	V. Jacquemont.	Correspondce pendant son voyage dans l'Inde.	2
354	Ed. Laboulaye.	Paris en Amérique.	1
349	De Lamartine.	Voyage en Orient.	2
79	Lanoy.	La mer polaire. — Voyage de l'Érèbe et de la Terreur.	1
245	do	Les grandes scènes de la nature.	1
404	V. A. Loriol.	Manuel de géographie de la France.	1
68	Manuel et Alvarès.	La France. — Aspect géographique.	4
88	CH. MARCOTTE DE QUÉVIÈRES.	Deux ans en Afrique.	1
706	Marmier.	Lettres sur l'Algérie.	1
707	do	Lettres sur la Russie.	1
70	Miss Martineau.	Le Fiord. — Scène de la vie Norwégienne.	1
94	E. Masselin.	Sainte Hélène.	1
391	do	Dictionnaire de géographie.	2
397	Baronne de Montholieu.	Voyage en Allemagne, dans le Tyrol et en Italie.	4

395	Léon Morel	La provence illustrée.	1
708	Henri Mouhot.	Voyage dans le royaume de Siam.	1
654	Pascal.	Abraham Lincoln, sa vie, son caractère, son administration.	1
828	A. Paul.	Le pilote Willis, suite du Robinson Suisse.	2
73	H. Pommier.	L'Afrique ouverte. — Abrégé du voyage de Livingston.	1
246	Mme Ida Pfeiffer.	Mon second voyage autour du monde.	1
323	do	Voyage d'une femme autour du monde.	1
544	do	Voyage à Madagascar.	1
398	Jules de la Pilorgerie.	Histoire de Botany-Bay.	1
494	Piotrovoski.	Souvenirs d'un Sybérien.	1
84	P. Poujoulat.	Récits et souvenirs d'un voyage en Orient.	1
91	M. Radiguet.	Les derniers sauvages.	1
92	do	Souvenirs de l'Amérique Espagnole.	1
93	do	A travers la Bretagne.	1
318	Elisée Reclus.	Voyage à la Sierra-Nevada de Ste-Marthe.	1
740	Dr F. Ricard.	Le Sénégal, étude intime.	1
390	Ch. Romme.	La science de l'homme de mer.	1
82	Roulin.	Histoire naturelle et souvenirs de voyage.	1
95	Rozet.	Voyage dans la régence d'Alger (atlas).	3
275	Octave Sachot.	L'île de Ceylan.	1
87 bis	Maurice Sand.	6000 lieues.	1
653	Simonin.	Les pays lointains (Californie, Maurice, Aden, Madagascar).	1
513	Taine.	Voyage aux Pyrénées.	1
613	Thiercelin	Journal d'un baleinier.	2
72	Ch. Tierry Mieg.	Six semaines en Afrique.	1
652	Vambery	Voyage d'un faux Derwiche dans l'Asie cent^{le}.	1
310	Vaysse de Villiers.	Itinéraire de la France. — Région du sud.	1
389	De Villiers.	Nouveau manuel de géographie.	1
400	do	Manuel de géographie.	1
80	Jules Verne.	Cinq semaines en ballon.	1
655	do	Voyage au centre de la terre.	1
462	Volney.	Voyage en Egypte et en Syrie.	2
84	X.	Voyages et aventures du baron de Vaugam.	1
85	X.	L'Inde pittoresque.	2
86	X.	Voyage du comte de Forbin à Siam.	1
243	X.	Abrégé des voyages de le Vaillant en Afrique, 1780-1785.	1
311	X.	Pau et ses environs.	1

732	Edm. About.	Maître Pierre.	1
300	Amédé Achard.	La sabotière.	1
661	do	Les misères d'un millionnaire.	2
353	A. G.	Robert de Beaucastel.	1
285	{ Anonyme. / Alph. Karr.	La mine d'ivoire. / Clovis Gosselin. }	1
248	Balzac.	Eugénie Grandet.	1
454	Ch. de Bernard.	Les ailes d'Icare.	1
573	do	Gerfaut.	1

302	Bernardin de St Pierre.	Paul et Virginie. — La chaumière Indienne.	1
96	Berquin.	L'ami des enfants.	1
522	Berthet.	Les houilleurs de Polignies.	1
488	Bouilly.	Les Jeunes gens.	1
781	do	Contes à ma fille.	7
150	Alfred de Bréhat.	René de Gavery.	1
271	Calemard la Bayette.	La prime d'honneur.	1
804	Mme Caro.	Une servante d'autrefois.	1
659	Cénac Moncourt	Le colporteur des Pyrénées.	1
139	C. G.	Aventures de mer.	1
296	Champ fleury.	Contes d'été.	1
142	Ernest Charrière.	Mémoires d'un seigneur Russe.	1
304	Philarète Chasles.	Souvenirs d'un médecin.	1
544	A. DE CHATILLON ET L. ENAULT.	Frantz Muller.	1
597	Cooper. Michel Masson. Ch. Nodier.	Sur terre et sur mer. — Lucie Hardinge. Précaution. Les contes de l'atelier. La fée aux miettes. — Le songe d'or. — La légende de sœur Béatrix.	1
443	Henri Conscience.	Veillées flamandes.	1
339	do	Le conscrit.	1
713	do	Le gentilhomme pauvre.	1
797	do	Deux enfants d'ouvriers.	1
562	Le Gal Daumas.	Les chevaux du Sahara.	1
97	Desnoyers.	Mésaventure de Jean-Paul Chopart, Robert-Robert et Toussaint Lavenette.	2
146	Alex. Dumas	Drames de la mer.	1
247	do	La bouillie de la Comtesse Berthe.	1
714	do	Le capitaine Pamphile.	1
658	Enault.	Alba.	1
101	Erckmann-Chatrian.	Madame Thérèse.	1
102	do	Le fou Iégoff.	1
103	do	L'ami Fritz.	1
147	do	Le conscrit de 1813.	1
148	do	Waterloo.	1
249	do	Confidences d'un joueur de clarinette.	1
682	do	Le Blocus. — La guerre. — L'histoire d'un homme du peuple.	1
830	do	La guerre.	1
789	Eyma.	Les poches de mon parrain.	1
554	Ferdinand Fabre.	Feuilles de lierre.	1
649	Emma Faucon.	Voyage d'une jeune fille autour de sa chambre.	1
790	do	Olga.	1
278	Fénélon.	Aventures de Télémaque.	1
492	Octave Feuillet.	Roman d'un jeune homme pauvre.	1
549	do	Histoire de Sibylle.	1
464	Florian.	OEuvres.	6
748	Arnould Frémy.	La cousine Julie.	1
620	Mme de Gasparin.	Les horizons prochains.	1
730	Mme de Genlis.	Contes moraux.	1
788	do	Les veillées du chateau.	1
406	J. T. de St-Germain.	Pour une épingle.	1
324	do	Le chalet d'Auteuil. — Mignon.	1

325	J. T. de St-Germain.	La feuille de coudrier. — La fontaine de Médicis.
141	Fréd. Gerstacher.	Les pirates du Mississipi.
495	Mme Em. de Girardin.	La croix de Berny.
154	Le Gouvé.	Béatrix.
585	Eug. Guinot.	Soirées d'Avril.
791	Hauff.	La caravane.
547	Martial de Herripon.	La boutique de la marchande de poisson.
98	L. de Jussieu.	Le camp, la fabrique et la ferme.
136	do	Simon de Nantua.
721	do	Histoire de Charlotte Champain.
722	do	Histoire de Cloud Grandgambe.
292	Alph. Karr.	Encore les femmes.
580	do	Agathe et Cécile.
104	Ed. Laboulaye.	Abdallah ou le trèfle à 4 feuilles.
520	do	Souvenirs d'un voyageur.
719	do	Contes bleus.
289	Mme La Farge.	Heures de prison.
610	A. de Lamartine	Geneviève.
564	G. de la Landelle.	La frégate l'Introuvable.
484	Gaston Lavalley	Légendes normandes.
153	Loudun.	Choix de lectures morales.
99	Jean Macé.	L'arithmétique du grand papa.
144	do	Contes du petit chateau.
647	Xavier de Maistre	Voyage autour de ma chambre. - Le Lépreux de la cité d'Aost. — La jeune Sibérienne.
726	Marin de Livonnière.	Otto Gartner.
521	Marmier.	Gazida.
624	do	Hélène et Suzanne.
625	do	Histoire d'un pauvre musicien.
792	do	En Alsace. (L'avare et son trésor.)
657	Masson.	Lectures en famille.
149	P. Matignon de la Cie de J.	Les morts et les vivants.
727	Le Viconte de Melun.	Histoire d'un village.
105	Mérimée.	Colomba.
728	Marc Monnier.	Pompéï et les Pompéïens.
303	H. Murger.	Scènes de campagne.
548	Ch. Nodier.	Thérèse Aubert.
720	do	Trésor des fèves et fleur des pois.
799	do	Contes de la veillée.
724	Urbain Olivier.	Récits de chasse et d'histoire naturelle.
725	do	L'ouvrier, histoire de paysans.
794	do	La fille du forestier.
137	A. de Pontmartin.	Contes d'un planteur de choux.
138	do	Mémoires d'un notaire.
288	do	Or et clinquant.
286	Ponson du Terrail.	Le nouveau maître d'école.
100	Porchat.	Trois mois sous la neige.
782	do	Les colons du rivage.
783	do	La montagne tremblante.
715	Melle Puget.	Les filles du président.
716	do	Les cousins.
717	do	L'argent et le travail.

548	Em. Renaut.	Histoire de quatre fous et d'un sage.	1
558	L. Reybaud.	Jérôme Paturot à la recherche d'une position sociale.	1
558 bis	do	Jérôme Paturot à la recherche de la meilleure des républiques.	1
623 bis	Le Sage.	Aventures de Gilblas.	1
514	Saintine.	Seul.	1
549	do	Un rossignol pris au trébuchet.	1
590	G. Sand.	La mare au diable.	1
591	do	François le Champy.	1
592	do	Les maîtres sonneurs.	1
593	do	Mont-revêche.	1
594	do	Le meunier d'Angibault.	1
618	do	La petite Fadette.	1
662	do	Le marquis de Villemer.	1
742	do	Les maîtres mosaïstes.	1
107	Jules Sandeau.	Mademoiselle de la Seiglière.	1
250	do	Madeleine.	1
326	do	Catherine.	1
327	do	Fernand.	1
545	do	Le docteur Herbeau.	1
622	Mme de Ségur.	L'auberge de l'ange gardien.	1
623	do	Le général Kourakine.	1
729	do	Mémoires d'un âne.	1
784	do	La sœur de Gribouille.	1
680	E. Serret.	Clémence Ogée, histoire d'une maîtresse de chant.	1
108	Em. Souvestre.	Les derniers Bretons.	2
109	do	Un philosophe sous les toits.	1
110	do	Confession d'un ouvrier.	1
111	do	Au coin du feu.	1
112	do	Le mémorial de famille.	1
113	do	Les derniers paysans.	1
114	do	Les soirées de Meudon.	1
116	do	Le mendiant de St-Roch.	1
117	do	La goutte d'eau.	1
118	do	Sous les filets.	1
119	do	Sous les ombrages.	1
120	do	Sur la pelouse.	1
121	do	Pendant la moisson.	1
122	do	Sous la tonnelle.	1
123	do	L'échelle des femmes.	1
124	do	Les drames parisiens.	1
125	do	L'homme et l'argent.	1
126	do	Scènes de la chouannerie.	1
127	do	Scènes de la vie intime.	1
128	do	Le pasteur d'hommes.	1
129	do	Au bord du lac.	1
130	do	La lune de miel.	1
131	do	Les anges du foyer.	1
132	do	Dans la prairie.	1
133	do	Trois femmes.	1
134	do	Le monde tel qu'il sera.	1

135	Em. Souvestre.	Contes et nouvelles.	1
298	do	Les clairières.	1
299	do	Souvenirs d'un vieillard.	1
463	do	Histoire d'autrefois.	1
464	do	En famille.	1
465	do	Scènes et récits des Alpes.	1
467	do	Souvenirs d'un bas Breton.	1
795	Stael. (Mme)	Corinne.	1
328	Louis Ulbach.	Mr et Mme Fernel.	1
517	Ulliac Trémadeure.	La pierre de touche.	1
723	do	Le petit sabotier ou la famille du sabotier.	1
140	F. Valentin.	Les artistes célèbres.	1
350	Jules Verne.	De la terre à la lune.	1
516	A. de Vigny.	Cinq Mars.	1
646	Vimont.	Histoire d'un navire.	1
588	Hip. Violeau.	La maison du cap.	1
798	Voltaire.	Zadig.	1
733	Léon de Vailly.	Les deux filles de Mr Dubreuil.	2
734	Mme de Witt.	Enfants et parents, petit tableau de famille.	1
666	Ainsworth.	Crichton.	2
684	do	La tour de Londres.	1
814	Aonio Paleurio.	Olympia Morata.	1
258	Mistress Beecher Stowe.	La case de l'oncle Tom.	1
308	do	La case de l'oncle Tom, illustrée.	1
309	do	La clef de la case de l'oncle Tom.	1
737	do	Les petits renards.	1
528	Miss Braddon.	Le secret de Lady Audley.	2
632	do	Aurora Floyd.	1
633	do	Henri Dumbard.	2
746	do	La trace du serpent.	2
747	do	Le capitaine du vautour.	1
803	do	Lady Lisle.	1
804	do	Le testament Marchment.	2
805	do	Le triomphe d'Éléanor.	2
806	do	Ralph l'Intendant.	1
534	Melle Frédérica Bremer.	Le foyer domestique.	1
635	do	Les voisins.	1
811	do	Le voyage de la St-Jean.	
	do	Guerre et paix.	
352	Th. Bulgarin.	Iwan, Wuishigin, ou le Gilblas russe.	1
329	Bulwer.	Pisistrate Caxton.	2
545	Bulwer Lytton.	Devereux.	2
846	do	Mon roman.	2
145	Fernand Caballéro.	Fleurs des champs.	1
269	do	Nouvelles Andalouses.	1
535	do	La créole de la Havane.	1
636	do	Clémentia.	1
758	Emilie Carlen.	Un brillant mariage.	1
638	Mme Carlen.	Une femme capricieuse.	2
294	Cervantes.	Histoire de don Quichotte.	7

660 {	Clamisso.	L'homme qui a perdu son ombre.	} 1
	Mme Ancelot.	Les salons de Paris.	
735	Fréd. Coninck.	Le mousse Yvonnet	1
159	Fenimore Cooper.	Le corsaire rouge.	1
260	do	Le pilote.	1
261	do	L'espion.	1
336	do	Le dernier des Mohicans.	1
472	do	Les Mohicans. — La prairie.	1
529	do	Les pionniers.	1
530	do	La prairie.	1
531	do	Les puritains d'Amérique.	1
259	Miss Cummins.	L'allumeur de reverbères.	1
807	do	Mabel Vaugam.	1
455	Miss Curer Bell.	Jane Eyre.	1
284	Daniel de Foë.	Aventures de Robinson Crusoé.	2
251	Ch. Dickens.	Nicolas Nickleby.	2
252	do	Olivier Twist.	1
253	do	Martin Chuzzlewit.	2
330	do	Le neveu de ma tante.	2
334	do	Contes de Noël.	1
546	do	Paris et Londres en 1795.	1
634	do	Les grandes espérances.	2
663	do	Maison à louer.	1
678	do	Bleak-House.	2
679	do	Barnabé Rudge.	1
847	John Eliot.	Adam Bede.	2
667	Freytag.	Doit et avoir.	2
293	Galland.	Les mille et une nuit.	1
254	Mistress Gaskell.	Marie Barton.	1
626	do	Marguerite Hall (nord et sud).	2
745	do	Les amoureux de Sylvia.	1
466	Gerstæcker.	Aventures d'une colonie d'émigrants en Amérique.	1
759	Nicolas Gogol.	Les ames mortes.	1
764	do	Tarass Boulba.	1
763	Me Gaskell.	Cranford.	1
456	Goldsmith.	Le vicaire de Wakefield.	1
532	Jérémias Gotthelf.	Les joies et les souffrances d'un maître d'école	2
665	do	Nouvelles bernoises.	1
734	do	Anne-Babi.	2
736	do	L'ame et l'argent.	1
741	W. Godwin.	Cabel Willams.	3
752	Frères Grimm.	Contes choisis.	1
815	Hacklander.	Boutique et comptoir	1
764	W. Harrison Ainsworth.	Abigaïl.	1
753	Hauff.	L'auberge du Spessart.	1
80	Nataniel Hawtorne.	La maison aux 7 pignons.	1
57	Ch. Immermann.	Le paysans de Wesphalie.	1
18	do	La blonde Lisbeth.	1
55	Kinsley.	Il y a deux ans.	2
44	Miss Mac Intorch.	Contes américains.	2
10	Manzoni.	Les fiancés.	1
160	Le Capitaine Marryat.	Les colons du Canada.	2

262	Le Capitaine Marryat.	Les enfants de la forêt neuve	2
337	do	Le petit sauvage.	1
461	LE CAPITAINE MAYNE REID.	A la mer !	1
462	do	Les exilés dans la forêt.	1
463	do	Veillées de chasse.	1
471	do	Aventure de terre et de mer.	1
263	do	Bruin ou le chasseur d'ours.	1
338	do	A fond de cale.	1
656	do	Grimpeurs de rochers.	1
748	do	L'habitation du désert.	1
749	do	Les peuples étranges.	1
750	do	Les vacances des jeunes Boërs.	1
756	do	Le chasseur de plantes.	1
762	Lady Montague	Lettres choisies.	1
341	Pouchkine.	La fille du capitaine.	1
536	Rosseuw St-Hilaire.	Légendes de l'Alsace.	1
467	Le chanoine Schmidt.	Contes.	14
467	do	do	9
470	J. Swift.	Voyage de Gulliver.	1
342	Le Tasse.	La Jérusalem délivrée.	1
760	Thackeray.	Histoire de Pendennis.	2
464	Tappfer.	Nouvelles Genevoises.	1
468	do	Voyage en zigzag (illustrée).	1
264	do	Rosa et Gertrude.	1
533	do	Le presbytère.	1
340	J. Van Lennep.	Aventures de Ferdinand Huyck.	2
668	do	Brinio.	1
457	Walter Scott	Ivanhoë.	1
458	do	L'antiquaire.	1
255	do	La prison d'Édimbourg.	1
256	do	Guy Mannering.	1
257	do	Kenilwort.	1
332	do	Quentin Durward.	1
333	do	Rob-Roy.	1
334	do	La jolie fille de Perth.	1
335	do	La fiancée. — L'officier de fortune.	1
403	do	Le comte Robert de Paris.	1
471	do	Ivanhoë. — Quentin Durward, duc de Bourgogne. — Richard cœur de lion.	1
523	do	Le nain noir et les puritains d'Écosse.	1
524	do	Waverley.	1
525	do	Le monastère.	1
526	do	L'Abbé.	1
527	do	L'officier de fortune. — La fiancée.	1
564	do	Aventures de Nigel.	4
627	do	Le pirate.	1
628	do	Le connétable de Chester.	1
629	do	Redgountlet.	1
664	do	Charles-le-Téméraire.	1
739	do	Richard en Palestine.	1
740	do	Pévéril du Pic.	1
742	Elisabeth Wétherell.	Le monde, le vaste monde.	1
637	Francis Wey.	Dickmoon en France.	1
754	Wilkié Collins.	Le secret.	1

465	Wyss.	Le Robinson Suisse.	1
630	Miss Yonge.	La chaîne de Marguerites.	2
631	do	Le procès (suite du précédent).	2
738	do	L'héritier de Redclyffe.	2
802	do	Violette.	2
754	Zschokke.	Alamontade ou le galérien.	1
809	do	Addrich. — Les mousses.	1
813	X.	Gilbert Gresham.	1

406	D'Argenson.	Essais et loisirs d'un ministre d'état.	1
409	Barchou de Penhoën.	Un automne au bord de la mer.	1
414	Bouillé.	Mémoires.	2
489	Bouilly.	Eloquence.	1
290	A. Brizeux.	Poésies. — Marie, etc.	1
281	La Bruyère.	Les caractères.	3
555	Ch. de Bussy.	Philosophie des gens du monde.	1
408	Chénier.	Progrès de la littérature française depuis 1789.	1
479	Eug. Crepet.	Le trésor épistolaire de la France.	1
175	Demogeot.	Histoire de la littérature française.	1
468	Alp. Darnault.	La Gaule héroïque.	1
477	Florian.	Fables.	1
407	Jh. M. de Gérando.	Des signes et de l'art de penser.	4
291	Mme de Girardin.	Poésies complètes.	1
347	Le Gouvé.	Le mérite des femmes.	1
411	do	OEuvres complètes.	2
412	do	OEuvres inédites.	1
569	Mme Hüe.	Les maternelles (poésies).	1
552	V^{or} Hugo.	Littérature et philosophie mêlées.	1
639	do	Orientales. — Feuilles d'automne. — Chants du crépuscule.	1
683	do	Le Rhin.	3
415	A. Jay.	OEuvres littéraires	4
173	A. de Lamartine.	1ères méditations poétiques et nouvelles méditations.	2
640	do	Harmonies poétiques.	1
556	Malherbe.	Poésies.	1
404	Mandrillon.	Le spectateur américain.	1
265	Napoléon III.	Mélanges — Considérations historiques — Discours.	1
765	Prévost-Paradol.	Etudes sur les moralistes français.	1
553	Comtesse de Rémusat.	Essai sur l'éducation des femmes.	1
819	Mme Roland.	Lettres choisies.	1
172	J. B. Rousseau.	OEuvres choisies.	1
174	Mme de Sévigné	Lettres choisies.	1
641	do	do	1
178	Em. Souvestre.	Causeries historiques et littéraires.	1
669	Stahl.	Morale familière.	1
405	Thomas.	OEuvres diverses.	1
413	Mme Elise Voïard.	La vierge d'Arduenne.	1
176	X.	Triomphes de l'empire.	1
410	X.	Revue bretonne et étrangères (4e année).	2
459	X.	Revue de Paris.	2
460	X.	Revue des deux mondes, 1837 1838 et 1839.	13

642	Beaumarchais.	Le barbier de Séville et le mariage de Figaro.	1
480	P. Corneille.	Théâtre choisi.	1
188	do	Chefs-d'œuvre.	1
551	do	OEuvres.	2
416	Florian.	Théâtre et mélanges.	1
493	Le Goarant de Tromelin.	Othon III.	1
499	V^{or} Hugo.	Hernani — Marion Delorme et Ruyblas.	1
586	do	Le roi s'amuse.	1
417	Le Kain.	Mémoires.	1
485	Maguero.	Jeanne de Monfort.	1
483	Mazères.	Le jeune mari (comédie).	1
483	Molière.	Théâtre choisi.	1
184	{ Picard. / Em. Augier.	L'honneur et l'argent. / Le gendre de M. Poirier.	} 1
266	Picard.	La petite ville.	1
267	do	Les deux Philibert.	1
185	J. Racine.	Théâtre choisi.	1
268	do	Mithridate (tragédie).	1
557	Racine.	Théâtre complet.	1
186	Eugène Scribe.	Comédies.	2
189	do	Théâtre — Comédies — Vaudeville.	1
482	Scribe et Duport.	La tutrice ou l'emploi des richesses.	1
187	Shakespeare.	Chefs-d'œuvre.	3
194	Souvestre.	Théâtre de la jeunesse.	1
184	Casimir Delavigne.	Louis XI.	1
182	do	L'école des vieillards.	1
343	do	Les enfants d'Edouard.	1
344	do	Don Juan d'Autriche.	1
190	Voltaire.	Chefs-d'œuvre dramatiques.	1

766	Babinet.	Etudes et lectures sur les sciences d'observ^{tions}	8
771	Adolphe Badin.	Grottes et cavernes.	1
207	Berquin.	Introduction à la connaissance de la nature.	1
645	Alex. Bertrand.	Lettres sur les révolutions du globe.	1
423	Beudant.	Traité de physique.	1
421	Beuzout.	Elément d'arithmétique.	1
434	Ed. Briot.	Manuel du constructeur de chemin de fer.	1
768	Bonjean.	Conservation des oiseaux.	1
456	Bouchardat.	Cours de chimie élémentaire.	1
422	Bourdé.	Manuel des marins.	2
431	Isidor Bourdon.	Lettres à Camille sur la physiologie.	1
644	Brever.	La clef de la science.	1
192	Léon Brothier.	Histoire de la terre.	1
432	M. Buloz.	Mécanique des ouvriers.	1
202	Marie Pape Carpentier.	Secret des grains de sable.	1
427	Cuvier.	Rapport sur les progrès des sciences naturelles	1
774	do	Discours sur les révolutions du globe.	1
684	L'Abbé Domenech.	Voyage et aventures en Irlande.	1
203	F. Dujardin.	Promenades d'un naturaliste (insectes).	1
426	Euler.	Eléments d'algèbre.	2
204	Faraday.	Histoire d'une chandelle.	1

435	M. Faucheroy.	Manuel des poids et mesures.	1
772	André Le Fèvre.	Les merveilles de l'architecture.	1
773	Louis Figuier.	L'année scientifique et industrielle 65-66-67 et 68.	4
419	Fischer.	Physique et mécanique.	1
648	Flammarion.	Les ballons.	1
769	Focillon.	Cours élémentaire d'histoire naturelle.	1
420	Le Franc.	Manuel des Aspirants au brevet de capacité.	1
205	A. Ganot.	Traité de physique.	1
559	Alexandre Gaume.	Causeries chevalines.	1
448	Gay Lussac.	Cours de chimie.	2
436	Geoffroy St-Hilaire.	Cours d'histoire naturelle (mammifères).	1
428	Gilbert et Martin.	Précis d'histoire naturelle.	1
208	Guilmin.	Eléments d'arithmétique.	1
646	Guillémin.	Les mondes. — Causeries astronomiques.	1
649	do	La lune.	1
199	Alph. Karr.	Voyage autour de mon jardin.	1
647	Landrin.	Les plages de la France.	1
457	Lassaigne.	Abrégé élémentaire de chimie.	2
433	Lesson.	Manuel de Mammalogie.	1
197	Jean Macé.	Histoire d'une bouchée de pain.	1
643	do	Les serviteurs de l'estomac.	1
194	Margollé. Zurcher.	Les phénomènes de la mer. do de l'atmosphère.	1
537	Margollé et Zurcher.	Les tempêtes.	1
538	do	Volcans et tremblements de terre.	1
767	do	Le monde sous marin.	1
539	do	Les météores.	1
670	do	Les glaciers.	1
424	L'Abbé Martin.	Eléments de mathématiques.	1
193	Maury.	La terre et l'homme.	1
672	Menault.	Intelligence des animaux.	1
671	Meunier.	Grandes pêches.	1
198	Michelet.	L'oiseau.	1
430	Eug. Mirabelle.	Manuel des inventions industrielles modernes	1
425	De Mongolfier.	Descriptions des expériences Aérostatiques.	1
770	Henri de Parville.	Causeries scientifiques, année 1868.	1
195	Pouillet.	Notions générales de physique.	1
496	J. Regnault.	Manuel des conducteurs des ponts et chaussées	1
497	do	Manuel des aspirants au grade d'Ingénieur des ponts et chaussées.	1
536	Rendu.	L'intelligence des bêtes.	1
196	Salgey.	Petite physique du globe (1ère et 2e partie).	1
429	Teissèdre.	Manuel de l'arpenteur.	1
200	X.	Merveilles de la science.	1
204	X.	Histoire naturelle des animaux.	1
206	X.	Plans d'études des sciences.	1

283	Th. H. Barrau.	Conseils aux ouvriers.	1
297	Divers.	Entretiens populaires de l'association polytechnique.	2
209	Louis Figuier.	Découvertes scientifiques modernes.	4
210	do	Les grandes inventions scientifiques industrielles chez les anciens et les modernes.	1
440	Julia de Fontenelle.	Manuel complet du marchand de papier.	1
211	Guillemin.	Simple explication des chemins de fer.	1
437	Huet.	Histoire du commerce et de la navigation.	1
675	De La Landelle.	Naufrages et sauvetages.	1
439	Le Moine.	Répertoire commercial.	1
674	Muller.	Boutique du marchand de nouveautés.	1
458	Palomba.	Le Secrétaire de banque 1768.	1
685	Max Radiguet.	Le champ de Mars à vol d'oiseau.	1
213	Louis Reybaud.	l'Industrie en Europe.	1
212	Jules Simon.	L'ouvrière.	1
441	Teissèdre.	Manuel du charpentier.	1
442	do	Manuel du menuisier.	1
438	Watin.	L'art du peintre, doreur et vernisseur.	1
673	Zurcher et Margollé.	Ascensions célèbres.	1
214	X.	Le moniteur des inventions et découvertes 1863 et 1864.	1

484	J. A. Barral.	Le blé et le pain. - Liberté de la boulangerie.	1
276	Benoit. / Arm. de Solignac.	La chaumière du Haut-Castel. / La ferme d'El-Rarbi.	1
224	Henri Berthoud.	Botanique au village.	1
248	Courtois Gérard.	Culture maraîchère.	1
223	Dubreuil.	Arbres fruitiers.	1
220	Le Four.	Sol et engrais.	1
443	Fournier.	Substances alimentaires.	1
226	Geoffroy St-Hilaire.	Acclimatation des animaux utiles.	1
222	Girardin.	Des fumiers.	1
225	do	Traité élémentaire d'agriculture.	2
216	A. Isabeau.	Le jardinier de tout le monde.	1
215	Joigneau.	Causeries sur l'agriculture et l'horticulture.	1
217	Malagutty.	Petit cours de chimie agricole.	1
221	Mme Millet Robinet.	Basse-Cour.	1
219	H. Tanguy.	Le charbon, la fièvre contagieuse, la pustule maligne.	1
831	do	Revue agricole et vétérinaire de Bretagne.	1
560	do	Essai sur la réforme économique dans la production du cheval et du bœuf.	1

452	Audiganne.	Les ouvriers en famille.	1
687	Le Claire.	Les causeries d'un maire avec ses administrés.	1
228	Divers.	Manuel électoral.	1
227	De Rhéville.	Eraste de la jeunesse.	1
304	M. F. Vuillaume.	Le Code Napoléon expliqué.	1

— 19 —

563	Wilfrid de Fonvielle.	Les merveilles du monde invisible.	1
444	Z. Zannole.	Manuel du créancier hypothécaire.	1

676	Edm. About.	A. B. C. du travailleur.	1
279	Fréd. Bastiat.	Sophismes économiques.	1
540	do	Petits pamphlets.	2
775	do	Harmonies économiques.	1
777	do	Ce qu'on voit et ce qu'on ne voit pas.	1
453	L. De Carné.	Des intérêts nouveaux en Europe.	2
450	Armand Carrel.	OEuvres littéraires et économiques.	1
447	Chateaubriand.	De la monarchie selon la charte.	1
229	P. A. Cochut.	Law, son système et son époque.	1
565	Jules le Comte.	La charité à Paris.	1
577	Jules Duval.	Notre pays.	1
446	Fiévée.	Correspondance politique et administrative.	1
779	Flagelle.	Notes statistiques sur 3 cantons du Finistère.	1
445	LE COMTE GERMAIN GARNIER.	Rapport sur les finances.	1
776	Le Hardy de Beaulieu.	Petit manuel d'économie politique.	1
449	Lanjuinais.	OEuvres.	1
454	Lourdoueix.	De la restauration de la société française.	1
823	Comte de Paris.	Les trades-unions. (associations ouvrières)	1
541	Fréd. Passy.	Les machines et leur influence, etc.	1
778	do	Mélanges économiques.	1
452	Sers.	Intérieur des bagnes.	1
230	Thiers.	La propriété.	1
822	Vasseur.	Moyen infaillible de gagner l'argent et d'en amasser.	1
270	Eugène Véron.	Les associations ouvrières.	1
542	do	Les institutions ouvrières de Mulhouse.	
280	Wolowski, Beaudrillard, DE COMBEROUSE, A. PERDONNET, Wadington, etc.	Conférence à l'asile impérial de Vincennes.	11
448	X.	Le spectateur politique et littéraire.	1
451	X.	Intérieur des prisons.	1
568	X.	Une fête du travail en 1867.	1

232	Donné.	Conseils aux familles sur la manière d'élever leurs enfants.	1
	Mme de Ségur.	La santé des enfants.	
233	Fonteret.	Hygiène physique et morale de l'ouvrier dans les grandes villes.	1
234	Rapet.	Morale et économie politique.	1

OUVRAGES NON CLASSÉS.

833	Marmier.	En Amérique et en Europe.
834	Homère.	OEuvres complètes.
835	Emile Grimet.	L'Orient d'Europe au fusain.
836	X.	Au bout du monde.
837	Flagelle.	Notes archéologiques.
838	P. Levot.	Révolte à bord du Sloop Anglais le Bounty.

Landerneau, le 25 Décembre 1869.

LE BIBLIOTHÉCAIRE,

FLAGELLE.

IMP. DESMOULINS A LANDERNEAU.